VAGÓN, VAGÓN

ExLibric

RAFAEL CARMONA MELERO

VAGÓN, VAGÓN

EXLIBRIC
ANTEQUERA 2022

RAFAEL CARMONA MELERO

VAGÓN, VAGÓN

A Carmen Carmona

**El apacible murmullo del tren
se escabulle dentro del tren**

y se desfigura veloz, tal vez para siempre,
con gran disimulo.
Hay poca luz en el cielo,
casi ninguna luz;
sin embargo, el camino está cambiando constantemente
como si se mudara de camisa muchas veces
y a cámara rápida,
y de muchas maneras.

De repente, algunas cosas y otras sombras...
algunas cosas afligidas
y otras sombras melancólicas vueltas del revés,
y algunos árboles de eucalipto,
y, así, sucesivamente.

Babeo por una cerveza fría,
sea dicho de paso,
muy fría,
como la ventana que toco sin descanso,
como la helada noche que rasguño sin cesar.
No sé si disfruto del viaje,
queda poco trayecto y no termino de encontrarme
y estoy un poco triste,
un poco triste de por vida
y por muchas vidas un poco triste.

Toqué mi otra mano
y sentí un escalofrío
como si fuese un acompañante imaginario
ronroneando,
de presto,
detrás de mi nuca.

En cualquier caso, estamos llegando,
y todo queda según estaba
con un cielo de poca luz
y, curiosamente, sin camisa.

-Murmullo de tren-

12:15 p. m.
-5º centígrados
Tu corazón me está llamando

Estoy en Komsomolskaya Square
muy animada por el trasiego de pasajeros
y con aire distinguida de antigua plaza,
caminando hacia la terminal ferroviaria de Yaroslavlsky.

Frisos comunistas y varias cafeterías
van rellenando los grandes espacios,
rostros hermosos recién aparecidos
y un malabarista invisible de turquesa pálido.

Sobre la nieve
o bajo la nieve:
Un árbol, uno.
Una estatua, solo una.

Coches y viejas ajadas y blancas
y niños, aún más níveos,
dando vueltas y volteretas
a medida y sin horarios.
Rincones muy nevados y amarillentos.
La estación tras una esquina de arcoíris.
Ha pasado una hora,
veo el tren delantero de mi tren
y múltiples vagones guiados por la locomotora;

pasajeros que suben,
pasajeros que bajan,
unos, dando cuenta de sí mismos,
otros, fuera de sí.
Risueñas maletas bajando,
maletas lujuriosas subiendo
en bucle,
en movimientos repetitivos.
Atrás, unos vagones que creo
que son de carga, no sé...
Estoy dentro de un pequeño cobertizo de espera,
llevo una sudadera y un plumón de oca.

Azulados ojos me miran,
Siberia negra en mi mente
y tu llamada en mi corazón.

Vagón 8
Asiento 26
2ª clase

Allí, a primera vista, el río Volga
y aquí, un caluroso y reducido camarote
de 4 literas estrechas,
2 rusos gordos y bien planchados,
cada uno respirando a compás del otro gordo
bien planchado,
y un italiano, lo más parecido a un chupacabras,
buscando la vena yugular,
nacido en la ciudad de los gatos negros muertos
y de las cruces invertidas.
Los rusos me ofrecen chupitos de vodka y pepinos
y el italiano, cerveza a granel,
y yo me pongo a su disposición para beber.

He despertado. Ha amanecido. Estoy solo
y, a simple vista, restos de una tormenta.
En el minúsculo baño hay una corriente
de aire congelado
que salpica y punza mis tobillos.

3 mujeres, al lado de un andén,
echan humo por los dedos.
7 cabras y media oveja hacen ademanes
con una botella de Kvass
(una especie de cocacola rusa que coloca poco).

Las saludo, desciendo, río y bebo.
Se restriega el costillar de la media oveja
de lana gris sucia o algo así.
Saltan las 7 cabras y las 3 mujeres bailan.
Nos despedimos con complicidad. Subo al tren.

Con suave brisa por entre la piel
advierto una luz novelesca
en tus ojos no esbozados.

El agua se congela crujiente,
en menos que canta un gallo,
sobre el río.

La ciudad irreal de la novela Doctor Zhivago

y un ballet romántico en tres actos
en el teatro Piotr Ilich Chaikovski.
Puré de patatas de carne instantáneo
con agua caliente y tenedor de plástico.
Alguien me da una buena porción
de mermelada casera de frutas del bosque.

Se está poniendo el sol con pasitos de bebé.
Sobre el Kama, un aguacero de aguanoche.
A saber dónde y cómo estás.

Sea como sea, tu imagen se adentra en mí
y, en cada suspiro, en mí penetra tu imagen;
pero casi siempre
el espacio entre dos puntos es amarescente,
y la travesía, un camino de cabras
hacia los nueve círculos del infierno.
Me siento, sin dolor aparente,
con pan calentito
y con cierta nostalgia minimalista
a punto de hebra,
en un departamento inacabable de literas
a diestra y siniestra;
mantas y dedos de pies que asoman la cabeza
curiosos por entre el pasillo grisáceo.

Zapatillas y zapatos
exentos de obligaciones
y arrebujados de *ferment du rouge*.
Mujeres con los brazos en jarra
cuchicheando
con mujeres tendidas
con las manos enlazadas,
y una niña de espaldas
paladeando el horizonte inestable.
Poco más necesito,
quizás una locución adverbial
u otra pieza léxica
con versátil significado
en Times News Roman.

A 1800 km de Moscú
UTC +6
Vestido con un libro de Olga Jojlova

En la vertiente oriental de los montes Urales,
en la bañera de un apartamento de un decoroso
y económico hotel,
a 15 minutos de la iglesia sobre la sangre derramada
de Ekaterimburgo,
donde «la casa Ipátiev».

Sé que, estrujando la almohada, estás pensando
en pretérito pluscuamperfecto
o en pasado ejecutante;
en la media naranja que estoy exprimiendo
sobre la espuma del baño;
en las velas de hierbabuena
encendidas entre los huecos de la pared,
en la botella de Dom Pérignon vintage;
en la familia imperial apaleada, mutilada,
desnudada y, al final, asesinada;
en el miedo sudoroso de los Romanov;
en el odio violento de los bolcheviques
bajo la cúpula de un Cristo Pantocrátor;
en la sangre rociada
donde hoy devotos y peregrinos hay,
y en los sesos, aún vivaces,
quebrantados contra la sagrada Biblia.

¡Más agua ardiente!
¡Más burbujas!
¡Más *champagne vintage!*

Y sé que piensas en presente,
en presente de ahora mismo,
en pechos jóvenes y con forma de lágrima
y en los viejos pechos ya deformes
aplastados contra las festivas vidrieras,
y en el aroma vitalicio a muerte,
y en el inexpresivo metal de una bayoneta,
y en sales de Epsom,
y en la frescura dulzona de la menta.

Ojos muy abiertos poco antes de morir.
Hay poca ventilación,
falta aire que respirar.

En el campanario de la catedral
una ametralladora,
tal vez,
apuntando
a una *fórfochka* del dormitorio zarino.

Son las tres menos cuarto y mitad de la madrugada.
A medio camino de Omsk.

Ventisca, paisaje helado, falsos abetos salpicados
y postes de teléfono,
cabañas con tejados de considerable pendiente
tapizados de nieve.
A unos treinta metros de la vía un trineo tirado
por varios *huskies*
más dos figuras envueltas en pieles de reno
con guantes, capuchas y botas altas.

He recorrido el pasillo de los camarotes de primera clase,
entre vagón y vagón un ruido y un frío descomunal,
hasta llegar al *dining car*.
He sacado un *capuccino* de la máquina expendedora
y me he acordado de mi padre
sentado en una mesa del «Plata Bar»
con una liviana camisa blanca de lino
y una chaqueta veraniega azul marino.
Nunca jamás he visto a nadie tomar café y fumar
como a él.
«Un moca, por favor».
Una cucharadita de azúcar
en una pequeña tacita blanca
con la lentitud exacta para disolver el azúcar
y para que la crema en ningún momento perdiera
ni su coherencia,
ni su *tigratto.*

La mano derecha muy despaciosamente hacia la boca
y, siempre, en ese primer instante,
el anillo de oro
lanzaba un minúsculo haz de luz
en un guiño hacia mí.
Un sorbito y una larga calada de ducados
y aquí se detenía el tiempo.
Sus ojos se proyectaban en un minihorizonte
donde el sabor intenso y el humo confluían,
donde reventaban los sedimentos de su placer.

Antes de salir, me compraba un helado exprés
de chocolate y vainilla
con cucurucho de barquillo.
Y camino a casa, fabricaba círculos perfectos
de humo que flotaban en el aire
a la espera de otro círculo más pequeño
que lo atravesaba.

Radio F. M.
Bonito el verde esmeralda de la fachada
de la estación.

El maquinista embiste el puente ferroviario
sobre el río Obi
con arrojo, con premura, con justa bravura pueblerina.
Una ínfima mirada en voz baja
se deja caer en mi hombro.
No te preocupes, estoy feliz. ¡Es todo tan divertido!

El camino es tan impredecible
como una hoja en el viento:
siempre moviéndose,
siempre alegre…
siempre triste…

Ella lleva zapatillas madreperla con gotas de lluvia
y una sonrisa esponjosa
con voz inquieta y/o nerviosa
y siento en mí la ausencia, un cierto vacío que parpadea.
Pero esta luz,
que se cuela tardía por el ventanal,
es bella e imborrable.

Una pareja ucraniana canta una encantadora
canción de cuna a su bebé
y cobra vida lo más verdadero, lo más dulce…
—¡Bendito seas, niño!
—dijo una voz de tesitura aguda y educada.

El traqueteo lo he adoptado como mío,
como un leal compañero de viaje,
como un suave mal de San Vito,
que, por cierto, murió en un caldero
en el que hervía aceite,
igual que hierve el agua de la tetera
que la azafata reparte,
igual que hervirán los neurotransmisores
en la mente de un demente
afirmando ser Ivan Ogareff.

A punta de látigo,
adormezco durante algunas horas
en el interior de un estanque de agua salada.

A la vez que tu rostro se desmorona en el olvido,
«Dorógoi Dlínnoiu»
como una remota historieta que silba
«por un largo camino, por la noche de luna grande».

56º 00' 32" al Norte
92º 52' 19" al Este

Este hombre, que descansa sus nalgas frente por frente,
es el vivo retrato en presencia y en imagen,
imposible negarlo,
del mamífero libertario y curvilíneo, Jesús Lizano,
algo menos desaliñado
pero a la par de deslumbrante.

A bote pronto,
comenzó a hablar
de una de las orillas del lago Raduzhnom
donde creció la leyenda
de El Sayán durmiente de Yergakí;
de sus viajes interminables por tierras nenets,
de cómo trasladan sus renos a gran distancia a por pasto
y de cómo sus chamanes tallan figuras de madera.

Contó historias de los mitos espaciales de Tofalaria
y de cómo le encantaba tumbarse en las estrellas
para ver con claridad meridiana
las montañas Byrranga.

Refirió que su padre fue un cazador de pieles,
delgado y valiente en extremo;
y que se crio en una crocante cabaña de troncos,
y que creía de firme en la Dama de las Nieves,
y que Baba Yaga es una bruja de dientes de acero
a la que le gustan las flores azules;
y de los sabrosos que están los conejos
con ajo y helechos,
con patatas asadas
y arándanos rojos;
y de cómo cazarlos vivos con trampas caseras
y de qué manera matar,
y de cómo despellejar
(que cuanto más frescos, más fácil);
y de cómo su espíritu absorbe
las partículas microscópicas de la magia
bajo la proyección de la luna;
y, finalmente, que se dirige a Rkutsk
en cuerpo y alma
al entierro de su mejor amigo.

Lago Baikal
Vía férrea de Siberia Oriental

En breve:
Pescado ahumado y vodka a tragos discretos
en pequeño vaso de cristal.
Al paso de las aves
lleno de nuevo
y, sin volver a mirar atrás,
voy olvidando mis pecados de a poco
y no tu belleza,
tu eterna belleza, que permanece
escondida en mi memoria y entre mis brazos,
lo creas o no,
allí donde estés.

Una niña estrena un viaje inesperado
en plazuela de tiza,
con las manos en las caderas
de derecha a izquierda
y de izquierda a derecha.

El tiempo aparca en doble fila
cuando las montañas desaparecen
en las profundidades del lago.
A través de una combinación de colores neutros,
el espacio se emperifolla de una siniestra incoherencia.

Todo el camino se va despejando
a 60 kilómetros por hora
de las teclas de una Hispano Olivetti,
de poemas al tran-tran,
de poemas exclamativos
y de poemas subordinados.

En la lejanía,
unos adolescentes pintarrajean el presente
con una pausa para los ojos del diablo,
con una pausa para la noche.
Y aquí se perpetua mi inquebrantable llanto
y no puedo hacer otra cosa que seguir en vida,
viajando con un monótono soniquete de fondo
entre la infección de orina,
la demencia verde brillante
y algunos pistachos tostados sin sal.

¡Que pase lo siguiente!

**40 grados de fiebre,
trifulca entre un centenar de cosacos y Spiderman**

Y lo siguiente fueron tres días en un hospital militar
junto a la calle Prospekt Stroiley.
¡Cierra la puerta! ¡A saber a dónde vas!
Es temporada de ir o venir y el acordeón explotó.
Del mar a McDonald's
y de Copacabana con guayabera
a la concha de tu madre.

No me siento muy bien. La piel de gallina.
Doble espacio. Punto. Guion. Soy resistente al arte,
a los anfibios, a los antibióticos...
McDonald's a domicilio,
McDonald's 24 horas en el pecho tatuado.
¿Soy un legionario o argentino de La Plata?
¡Dame un monasterio de hielo
y boquerones en vinagre, ladronzuela!
Matamentes y Demis Roussos,
tarantas y tarantelas
y un violín de cinco versos
o ¿fue el diablo de Tasmania?

El animal que más me gusta
es el pescaíto frito.

Putas bacterias con túnica…
Un grupo de turistas haciendo un *tour*
con el anagrama de McDonald's.
Invisible o no,
atravieso tu cuerpo con tabla de surf
al sur de Australia.
Carroña y reliquias
por cualquier lugar, por todas las partes.

Señor, ten piedad una y mil veces.
Ave María y gloria al Padre.
Padrenuestro y santificado y azotado
una y mil veces…
a veces…
con voces…
a voces…

Un motocarro por el mar
y la concha de tu madre en una *mountain bike*.
Ave María Purísima y McDonald's.

Ruido de contacto rueda-carril
Locomotora a diésel
Ruedas de acero

Después de los delirios, vino una tormenta de nieve
con rayos, algunos nube-tierra, y truenos,
flashes de luz muy longos
y sonidos *crackulientos* y contundentes
casi sin distancia en el tiempo.
Mucha nieve en las vías
y los días muy paticortos,
o una radiante blancura que sí deslumbra;
y el frío intenso,
o cristales de hielo
entre ruidos amorfos de un ambiente sin esquemas.

Me hallo sensible de ser,
extremadamente sensible de estar,
de confundir la realidad con el norte magnético,
de amar sin brazos ni abrazos
y de soñar sin ti como tema recurrente.

Voy bajando los peldaños lentamente y envejecido,
y el jefe de estación de espaldas a toda la noche,
llenando el depósito de su amargura
tras el desamor.
No hay ningún árbol en lo más recóndito del bosque.
Un reloj a punto de estallar.
Se hace eterno el corto recorrido a la terminal.
Se hace profundo el suelo bajo mis pies.

En el centro de mi trayecto,
crónicas de transeúntes trasnochados,
vidas estrujadas sin brújula
contra la barra de una cantina
y un té negro con limón
en reflexivo directo.

A un brinco de China
Extremo Oriente

¡Qué demonios!

Los poetas suelen estar confeccionados
con tela blanda y pasamanería.
Detrás está nuestra piel y la forma en que llueve,
el humo de las estufas y la leña apilada
y una olla hirviendo con recia elegancia.
—hablo con frialdad desde un rincón triste—.

Ayer siempre teníamos tartaletas
de nata y fresa en la mesa
con un suelo resbaladizo de huevas
de formidable tamaño
y de algas bien hidratadas con agua mineral;
y, todavía, un no sé qué colgaba
hacia un destino perplejo.

Mañana o anteayer,
hoy o pasado mañana,
en dondequiera y a cualquier hora
estaré erguido o encorvado
de mírame y no me toques,
o robusto y diamantino
ante Dios en el Reino de los Cielos,
o en presencia de Satán en el fuego del infierno,
y allí será lo que tenga que suceder.

Creo que estoy un poco cansado
de la vida, de la travesía,
del breve tiempo de todos mis años,
de mis años anudados unos a otros
en un tremebundo lío
entre buenos y malos sentimientos,
de colores, de segundos, de acciones erradas,
de despertares y amaneceres,
de naufragios, de tequilas,
de gatos y de gallos,
de faisanes y de autoridades,
del *rigor mortis,*
de la vida *in albis,*
de desmembrar los caminos
y de los callejones sin salida.

Vladivostok
Cementerio de Morskoye

Érase una vez
que quizás ella estaba enterrada aquí,
en la cima de una colina,
en tiempo de borrasca
atirantada por el puente de la isla de Russky;
y que quizás yo estaba sentado
sobre la nieve que encubría la tierra,
que quizás envolvía su cadáver
rodeado de maleza y silencio y héroes de guerra,
lápidas y difuntos difuminados en el tiempo;
o que quizás estábamos bajo una maldición
bajo el influjo de un mago extraordinario entre su clase.

Érase una vez,
por la mañana, un universo muy oscuro
con relojes y cielos,
con nubes de sangre quizás
y voces malvadas,
un canto de dragón
y latidos momificados.

Érase una vez,
quizás por la tarde,
un viento que soplaba un poco fuerte
en medio del camino,
o los ojos de una mujer esperando el tranvía
en un mundo paralelo
de criaturas espectrales e intangibles.

Érase una vez,
quizás mientras lamía pacientemente
el sabor de la luna,
que algunos nunca iban
y que otros nunca venían,
y que otros se quedaban dormidos
entre otras cosas y lugares,
y que no recordaba de dónde provenía
o si debía ir a otra estación
o cuándo tendría que marchar.

Érase una vez
que quizás existían otros mundos
que quizás se mezclaban con el nuestro,
que profundas montañas
y llanuras bajo tierra había
y cámaras interiores sin fin.

Érase una vez,
quizás, que las voces de ultratumba
desde los labios de sus bocas en las sombras
hermosas letanías entonaban,
y que dieron
durante mucho tiempo, quizás,
encanto y belleza a todo mal.
Ahora descuidado,
arrugado,
desarraigado y estéril;
quizás sólo hago clic en el botón de eco.

Érase una vez
luz suave y almas
y un rayo que iluminaba todos los cuerpos,
quizás por siempre,
vuestros cuerpos
con billetes de ida y vuelta y viceversa
en el transiberiano de todos los no muertos.

Érase una vez
que enormes placas de hielo a lo lejos caían,
que estábamos solos,
quizás en una casa donde se escondían tus ojos,
quizás simplemente en paz;
y que quizás,
a veces,
bandadas de pájaros susurraban las alturas
y el movimiento se volvía incontrolable en la oscuridad,
y eso fue todo lo que quizás vi
después de que rellenaran los orificios de mi cerebro
con inyecciones de alcohol absoluto o no.

¡Ah!
Y un letrero muy grande y luminoso
de McDonald's
a la vez que sonaba el poema sinfónico
«Una noche en el Monte Calvo»
de Modest Petrovich Musorgski.

Índice